# Schnelles und einfaches Kochbuch für Mahlzeiten in der Mikrowelle

Entdecken Sie die ultimative Sammlung von über 100 köstlichen und nahrhaften Rezepten, die Sie in Ihrem Mikrowellenbecher zubereiten können – perfekt für vielbeschäftigte Menschen unterwegs!

Else Hoffmann

# INHALTSVERZEICHNIS

# EINFÜHRUNG

Sind Sie ständig unterwegs und finden kaum Zeit, eine richtige Mahlzeit zuzubereiten? Oder leben Sie vielleicht in einem Schlafsaal oder einer kleinen Wohnung ohne Zugang zu einer voll ausgestatteten Küche? Dann ist dieses Kochbuch genau das Richtige für Sie! Wir stellen Ihnen das Mikrowellenbecher-Mahlzeiten-Kochbuch vor, mit über 50 köstlichen und einfach zuzubereitenden Mahlzeiten, die mit einer einfachen Tasse und Ihrer Mikrowelle in nur wenigen Minuten zubereitet werden können. Egal, ob Sie Lust auf ein warmes Frühstück, ein schnelles Mittagessen oder ein herzhaftes Abendessen haben, dieses Kochbuch ist genau das Richtige für Sie. Verabschieden Sie sich von langweiligen, ungesunden Mahlzeiten und begrüßen Sie schnelle, leckere und nahrhafte Optionen, die Sie im Handumdrehen zubereiten können.

In diesem Kochbuch finden Sie Rezepte für alles, von Frühstücksbrötchen und Omeletts bis hin zu Suppen, Eintöpfen und Nudelgerichten. Mit dem Mikrowellen-Tassengericht-Kochbuch können Sie eine Vielzahl köstlicher Mahlzeiten zubereiten, und zwar nur mit einer Tasse, einer Mikrowelle und ein paar einfachen Zutaten. Diese Mahlzeiten sind perfekt für alle, die schnelle und einfache Mahlzeiten suchen, die gleichzeitig gesund und sättigend sind. Egal, ob Sie ein vielbeschäftigter Student, ein Berufstätiger oder ein vielbeschäftigter Elternteil sind, dieses Kochbuch ist die perfekte Lösung für Ihre Essensbedürfnisse.

# FRÜHSTÜCK UND BRUNCH

# 1. Käseomelett in der Mikrowelle

Ergiebigkeit: 2 Portionen

Zutat

- 3 große Eier
- ⅓ Tasse Mayonnaise
- 2 Esslöffel Margarine
- ½ Tasse Cheddar-Käse – gerieben
- Schnittlauch
- Schwarze Oliven – gehackt

Geben Sie das Eigelb in eine kleinere Schüssel und schlagen Sie mit den gleichen Rührgeräten Eigelb, Mayonnaise und 2 Esslöffel Wasser auf.

Die Eigelbmischung vorsichtig über das Eiweiß gießen und vorsichtig unterheben.

Margarine in einem 9-Zoll-Tortenblech schmelzen und umrühren, um die Innenseite damit zu bestreichen.

Gießen Sie die Eier vorsichtig auf den Tortenteller. 5 bis 7 Minuten bei mittlerer Temperatur in der Mikrowelle erhitzen

Den geriebenen Käse über die Eier streuen und bei mittlerer Hitze 30 Sekunden bis 1 Minute in der Mikrowelle erhitzen.

Mit gehackten Schnittlauch-Oliven bestreuen und dann schnell mit einem Spatel um die Seiten und den Boden der Auflaufform fahren. Die Hälfte des Omeletts über die andere Hälfte falten. Auf den Servierteller schieben.

## 2. Rührei mit Schinken

## ZUTATEN:

- Antihaft-Kochspray
- ½ Tasse dünn geschnittener Feinkostschinken
- 3 Esslöffel geriebener Schweizer Käse
- 2 Eier
- 1 Teelöffel Dijon-Senf
- ⅛ Teelöffel koscheres Salz
- 3 Mahlungen schwarzer Pfeffer
- Gehackter frischer Schnittlauch

## ANWEISUNGEN:

a)  Sprühen Sie die Innenseite eines 16-Unzen-Bechers mit Kochspray ein.
b)  Alle Zutaten in einer Schüssel verrühren und in den Becher gießen.
c)  Abdecken und 1½ Minuten in der Mikrowelle erhitzen.
d)  Brechen Sie die Eimischung mit einer Gabel auf, decken Sie sie dann wieder ab und stellen Sie sie für weitere etwa 30 Sekunden in die Mikrowelle.

### 3.    <u>Ananas-Kokos-Haferflocken</u>

**ZUTATEN:**

- 1 Tasse leichte Kokosmilch aus der Dose, gut geschüttelt
- ½ Tasse gefrorene Ananasstücke
- ½ Tasse schnell kochende Haferflocken
- 1 Esslöffel geraspelte ungesüßte Kokosnuss
- 2 Teelöffel Ahornsirup
- ⅛ Teelöffel koscheres Salz
- 1 Esslöffel fein gehackte Cashewnüsse

**ANWEISUNGEN:**

a) Kokosmilch, Ananas, Haferflocken, Kokosnuss, Sirup und Salz in einer Schüssel verrühren.

b) In einen 16-Unzen-Becher gießen.

c) Abdecken und ca. 3½ Minuten in der Mikrowelle erhitzen, bis eine cremige Konsistenz entsteht.

d) Mit den Nüssen bestreuen.

## 4. Frühstücksbar mit Quinoa

## ZUTATEN:

- Antihaft-Kochspray
- 2 Esslöffel schnell kochende Haferflocken
- 2 Esslöffel gekochte Quinoa
- 2 Esslöffel fein gehackte Pistazien
- 2 Esslöffel gesüßte getrocknete Kirschen
- 2 Esslöffel Pflanzenöl
- 2 Esslöffel Honig
- ¼ Teelöffel koscheres Salz

## ANWEISUNGEN:

a) Besprühen Sie die Innenseite eines 12-Unzen-Bechers mit Kochspray.

b) Alle Zutaten in einer Schüssel verrühren und dann in den Becher gießen.

c) Abdecken und in die Mikrowelle stellen, bis die Haferflocken gar sind, etwa 3 Minuten.

d) Gießen Sie die heiße Mischung auf ein Stück Pergament und formen Sie daraus einen rechteckigen oder schmalen traditionellen Riegel.

e) 30 Minuten oder länger kühl stellen, bis es kalt und fest ist.

## 5.   Beeren und Hafer

**ZUTATEN:**

- ¾ Tasse Wasser
- ¾ Tasse Haferflocken
- ⅓ Tasse gemischte Beeren

**ANWEISUNGEN**

a) Wasser in der Mikrowelle zum Kochen bringen
b) Herausnehmen, die Haferflocken einrühren und für 1 Minute wieder in die Mikrowelle stellen.
c) Auf einem Teller mit gemischten Beeren anrichten.

## 6. <u>Heiße Lachsbällchen</u>

Ergibt: 8 Portionen

## ZUTATEN:

- 15½ Unzen Dosenlachs
- 1 Tasse Wasser
- ½ Tasse Butter
- 12 Tropfen scharfe Soße
- ¼ Teelöffel Salz
- 1 Tasse Mehl
- 4 Eier
- 2 Esslöffel Schnittlauch, gehackt
- 1 Tasse Sauerrahm
- 1 Esslöffel Meerrettich
- 2 Esslöffel Zitronensaft
- ½ Teelöffel Zucker
- ¼ Teelöffel Salz
- ¼ Teelöffel frisch geriebene Zitronenschale
- Prise weißer Pfeffer

## ANWEISUNGEN:

a) Den Lachs abtropfen lassen und Haut und Knochen entfernen.

b) Wasser, Butter, scharfe Soße und Salz in einer Pfanne vermischen.

c) Bei starker Hitze zum Kochen bringen.

d) Das gesamte Mehl hinzufügen.

e) Bei mittlerer Hitze etwa 3 Minuten lang ständig rühren, oder bis die Soße eindickt und den Topfrand verlässt.

f) Vom Herd nehmen und nacheinander 4 Eier unterrühren, bis die Masse glatt und glänzend ist.

g) Schnittlauch und Lachs dazugeben.

h) Alles vermischen, bis eine glatte Masse entsteht. 15 Minuten abkühlen lassen.

i) In einer Pfanne 3 Zoll Öl auf 370 Grad Fahrenheit erhitzen.

j) Geben Sie vorsichtig Teelöffel der Lachsmischung in das heiße Öl.

k) 3 Minuten lang braten, dabei gelegentlich wenden, bis es goldbraun ist.

l) Auf Papiertüchern abtropfen lassen und dann servieren.

# 7.  Pizza-Toast

Macht: 2

**ZUTATEN:**
- 2 Scheiben Mehrkornbrot
- 2 Esslöffel Tomatenmark ohne Salzzusatz
- ½ Tasse Mozzarella
- ¼ Tasse gehackte Ananas
- 2 Scheiben Schinken, gehackt

**ANWEISUNGEN:**
a) Legen Sie zwei Scheiben Brot auf den Rost des Emailleblechs.
b) 4 Minuten auf Grill 1 rösten, wenden und weitere 2 Minuten grillen.
c) Toast mit Tomatenmark und einer Prise geriebenem Mozzarella bestreichen und mit Schinken und Ananas belegen.
d) Auf Kombi 1 4 Minuten kochen lassen oder bis der Käse geschmolzen ist und anfängt zu bräunen.
e) In Scheiben schneiden und mit einer Beilage Gemüse und gehackten Früchten servieren.

## 8. <u>Doppelter Beeren-French-Toast</u>

- Antihaft-Kochspray
- ¼ Tasse Milch
- 1 großes Ei
- 1 EL. Ahornsirup
- ⅛ TL. koscheres Salz
- ⅛ TL. Zimt
- 1 Teelöffel. reiner Vanilleextrakt
- 1 Tasse 1-Zoll-Stücke Croissant, Brioche oder Challa-Rolle
- 1 EL. Himbeerkonfitüre
- 10 frische Beeren, zum Beispiel Himbeeren, zum Servieren

Sprühen Sie die Innenseite eines 12-oz. Becher mit Kochspray.

Milch, Ei, 1 TL verrühren. Sirup, Salz, Zimt und Vanille in einer kleinen bis mittelgroßen Schüssel vermengen. Mit einer Gabel gut verquirlen. Das Brot dazugeben, umrühren und 2 Minuten einweichen lassen.

In der Zwischenzeit die Konfitüre in den Becher geben. Legen Sie die eingeweichten Brotstücke darauf (restliche Flüssigkeit wegwerfen).

Abdecken und in der Mikrowelle erhitzen, bis die flüssige Mischung fest wird, etwa 2 Minuten (möglicherweise ist etwas Eiweiß sichtbar). Mit dem restlichen Sirup und den Beeren belegen.

## 9. <u>Bananen-Erdnussbutter-Haferflocken</u>

- ½ Tasse Milch
- 1 zerdrückte, sehr reife Banane (knapp ½ Tasse)
- ¼ Tasse schnell kochende Haferflocken
- 1 EL. cremige Erdnussbutter
- 1 Teelöffel. Honig
- ½ TL. reiner Vanilleextrakt
- ⅛ TL. koscheres Salz
- ⅛ TL. Zimt

Alle Zutaten in eine kleine Schüssel geben und gut vermischen. In einen 12-Unzen-Behälter gießen. Becher.
Abdecken und in der Mikrowelle erhitzen, bis die Haferflocken gar sind (ca. 2 Minuten).

## 10. Frühstückspolenta mit Beeren

- ½ Tasse gefrorene gemischte Beeren (nicht aufgetaut)
- 1 EL. Beerenkonfitüre (jede Geschmacksrichtung)
- Etwa eine halbe Tube vorgekochte Polenta, in ½ Zoll dicke Scheiben geschnitten
- ¼ plus ⅛ TL. Zimt
- 1 EL. Milch
- 1 Teelöffel. Ahornsirup oder Honig

Mischen Sie die Beeren und die Konfitüre in einer kleinen Schüssel.

Geben Sie eine Polenta-Runde in einen 16-Unzen-Behälter. Becher geben und mit ⅛ TL bestreuen. des Zimts. Ein Drittel der Beerenmischung darüber geben. Wiederholen Sie den Schichtaufbau noch zweimal und verbrauchen Sie dabei die gesamte Polenta, den Zimt und die Beeren. Die Schichten andrücken und abdecken. In der Mikrowelle erhitzen, bis es heiß ist, etwa 4 Minuten

Mit Milch und Sirup beträufeln.

## 11. <u>Himbeer-Haferflockenmit Ahorn</u>

- 1 Tasse Milch
- ½ Tasse schnell kochende Haferflocken
- ½ Tasse verpackte frische Himbeeren
- 2 EL. Ahornsirup
- ¼ TL. Zimt
- ⅛ TL. koscheres Salz

In einer kleinen Schüssel alle Zutaten verrühren und in einen 16-Unzen-Behälter gießen. Becher.
Abdecken und in der Mikrowelle erhitzen, bis die Haferflocken gar sind (ca. 2 Minuten).

## 12. Rührei mit Schinken

- Antihaft-Kochspray
- ½ Tasse ¼-Zoll-Würfel dünn geschnittener Feinkostschinken
- 3 EL. geriebener Schweizer Käse
- 2 große Eier
- 1 Teelöffel. dijon Senf
- ⅛ TL. koscheres Salz
- 3 gemahlener schwarzer Pfeffer
- Gehackter frischer Schnittlauch oder glatte Petersilienblätter (optional)

Sprühen Sie die Innenseite eines 16-oz. Becher mit Kochspray.

In einer kleinen Schüssel alle Zutaten verrühren und in den Becher gießen.

Abdecken und 1½ Minuten in der Mikrowelle erhitzen. Brechen Sie die Eimischung mit einer Gabel auf, decken Sie sie dann wieder ab und stellen Sie sie in die Mikrowelle, bis die Eier vollständig gekocht sind (ca. weitere 30 Sekunden).

## 13. <u>Kompott mit Müsli-Topping</u>

- ½ Tasse frische weiße Pfirsichscheiben (ca. 1 Pfirsich)
- ½ Tasse frische Blaubeeren
- 1 Teelöffel. Ahornsirup
- ⅛ TL. koscheres Salz
- ⅛ TL. Zimt
- ½ Tasse ungesüßte Getreideflocken
- 2 EL. Mandelsplittern

Pfirsiche, Blaubeeren, Sirup, Salz und Zimt in einer kleinen bis mittelgroßen Schüssel verrühren und dann in einen 16-Unzen-Behälter gießen. Becher. 2. Abdecken und in die Mikrowelle stellen, bis es warm und zart ist, etwa 2 Minuten.

Das Müsli und die Nüsse darüberstreuen. Wieder abdecken und in die Mikrowelle stellen, bis der Belag leicht warm ist, etwa weitere 45 Sekunden.

## 14. Ananas-Kokos-Haferflocken

- 1 Tasse leichte Kokosmilch aus der Dose, gut geschüttelt
- ½ Tasse gefrorene Ananasstücke
- ½ Tasse schnell kochende Haferflocken
- 1 EL. geraspelte ungesüßte Kokosnuss
- 2 TL. Ahornsirup
- ⅛ TL. koscheres Salz
- 1 EL. fein gehackte Cashewnüsse

Kokosmilch, Ananas, Haferflocken, Kokosnuss, Sirup und Salz in einer kleinen bis mittelgroßen Schüssel verrühren. In einen 16-Unzen-Behälter gießen. Becher.

Abdecken und ca. 3½ Minuten in der Mikrowelle erhitzen, bis eine cremige Konsistenz entsteht. Mit den Nüssen bestreuen.

## 15. <u>Hafer-Beeren-Muffin</u>

- Antihaft-Kochspray
- ¼ Tasse plus ½ TL. weißes Vollkornmehl
- 3 EL. schnell kochender Hafer
- ½ TL. Backpulver
- ¼ TL. Zimt
- ⅛ TL. koscheres Salz
- ¼ Tasse Milch
- 2 EL. Distelöl
- 1 großes Ei
- 1 EL. Honig
- ½ TL. reiner Vanilleextrakt
- 3 EL. frische Blaubeeren

In einer kleinen Schüssel mit einer Gabel ¼ Tasse Mehl, Haferflocken, Backpulver, Zimt und Salz verrühren.

Milch, Öl, Ei, Honig und Vanille in einer kleinen Schüssel verrühren. Geben Sie die trockenen Zutaten in die nassen Zutaten und vermischen Sie alles, bis alles gut vermischt ist.

In einer kleinen Schüssel die Beeren mit dem restlichen halben Teelöffel vermengen. Mehl hinzufügen und zum Teig geben. Mischen, bis alles gut vermischt ist. In den Becher gießen.

Abdecken und in der Mikrowelle erhitzen, bis es in der Mitte gerade durchgegart ist, etwa 2½ Minuten

## 16. <u>Pochiertes Ei auf Toast</u>

- 1 großes Ei
- 1 Scheibe Vollkornbrot, geröstet
- 1 Prise koscheres Salz
- 2 gemahlener schwarzer Pfeffer
- Gehackter frischer Schnittlauch, geschnittene Avocado oder klein gewürfelte Tomate

Fügen Sie ½ Tasse Wasser zu einem 12-Unzen-Behälter hinzu. Becher. Schlagen Sie das Ei vorsichtig ins Wasser (es sollte untergetaucht sein). Decken Sie das Ei mit einer relativ schweren mikrowellengeeigneten Auflaufform oder einem Glas ab, das in den Becher passt, und bleiben Sie auf dem Ei stehen, indem Sie es nach unten drücken

Mikrowelle erhitzen, bis das Eiweiß vollständig undurchsichtig und durchgegart ist, das Eigelb jedoch noch geschmolzen ist, etwa 1 Minute und 45 Sekunden

Legen Sie ein sauberes Handtuch auf die Arbeitsfläche. Geben Sie das pochierte Ei vorsichtig mit einem Löffel auf das Handtuch und lassen Sie es abtropfen. Den Toast auf einen Teller legen und mit dem pochierten Ei belegen. Das Ei mit Salz und Pfeffer bestreuen und nach Belieben mit Schnittlauch, Avocado und Tomate belegen.

## 17. brauner Reismit Datum

- ¾ Tasse gekochter brauner Reis (Lang- oder Kurzkorn)
- ¼ Tasse Milch
- 3 EL. frischer Orangensaft
- 1 EL. plus 1 TL. fein gehackte Datteln (ca. 2 große)
- ¾ TL. frische Orangenschale ½ TL. Ahornsirup
- ⅛ TL. Zimt
- ⅛ TL. gemahlener Kardamom
- ⅛ TL. koscheres Salz
- 1½ EL. Pistazien, leicht geröstet und fein gehackt

Alle Zutaten außer den Pistazien in einer kleinen bis mittelgroßen Schüssel verrühren und in einen 16-Unzen-Behälter gießen. Becher.

Abdecken und in die Mikrowelle stellen, bis das Gericht heiß ist, etwa 2 Minuten.

Mit den Pistazien belegen.

## 18. Frühstücksbar mit Quinoa

- Antihaft-Kochspray
- 2 EL. schnell kochender Hafer
- 2 EL. gekochte Quinoa
- 2 EL. fein gehackte Pistazien
- 2 EL. gesüßte getrocknete Kirschen
- 2 EL. Pflanzenöl
- 2 EL. Honig
- ¼ TL. koscheres Salz

Sprühen Sie die Innenseite eines 12-oz. Becher mit Kochspray. Alle Zutaten in einer kleinen bis mittelgroßen Schüssel verrühren und dann in den Becher gießen.

Abdecken und in die Mikrowelle stellen, bis die Haferflocken gar sind, etwa 3 Minuten. 3. Gießen Sie die heiße Mischung auf ein Stück Pergament oder Wachspapier und formen Sie sie zu einem Rechteck oder einem schmalen traditionellen Riegel. 30 Minuten oder länger kühl stellen, bis es kalt und fest ist.

## 19. Käse-Thunfisch-Crepes

Ausbeute: 4 Portionen

Zutat

- 4 Crêpes
- ½ Tasse gehackter Sellerie
- ¼ Tasse gehackte Zwiebel
- 1 Dose (7 3/4 oz) Thunfisch, abgetropft
- 2 Tassen gefrorener Brokkoli, zerschnitten
- 2 Tassen geriebener Cheddar-Käse

Crêpes zubereiten. Geben Sie Brokkoli in 1½ qt. Mikrowellengeeigneter Auflauf.

Abdecken und wie angegeben in die Mikrowelle stellen; Abfluss 1 ½ Tassen Käse und die restlichen Zutaten unterrühren. Zugedeckt bei höchster Stufe 1 Minute in der Mikrowelle erhitzen.

Auf die Crêpes löffeln; aufrollen. In einer quadratischen Mikrowellenform (20 x 20 x 5 cm) anrichten und mit dem restlichen Käse bestreuen.

Locker mit Plastikfolie abdecken und in der Mikrowelle auf höchster Stufe erhitzen, bis der Käse geschmolzen ist, 2 bis 3 Minuten pro Portion.

## 20. Kirsch-Mikrowellen-Müsli

Ergiebigkeit: 1 Portion

Zutat
- 1 Tasse brauner Zucker
- ¼ Tasse Zucker
- ½ Tasse weiche Margarine
- 2 Esslöffel Honig
- ½ Teelöffel Vanille
- 1 Ei
- 1 Tasse Mehl
- 1 Teelöffel Zimt
- ½ Teelöffel Backpulver
- ¼ Teelöffel Salz
- 1½ Tasse schnell kochende Haferflocken
- 1¼ Tasse Knusperreis-Müsli
- 1 Tasse gehackte Mandeln
- 1 Tasse Rosinen
- ½ Tasse Weizenkeime

Eine mikrowellengeeignete Auflaufform (33 x 23 cm) einfetten. Zucker und Margarine schaumig rühren

Honig, Vanille und Ei hinzufügen; gut mischen. Mehl, Backpulver und Gewürze untermischen.

Zum Schluss die restlichen trockenen Zutaten unterrühren. In eine Schüssel gießen. In der Mikrowelle bei 6 oder 60 % für 7 bis 9 Minuten oder bis es fest ist, erhitzen

Drehen Sie die Schüssel alle 3 Minuten. Die Stäbe werden fester, wenn sie stehen.

# SNACKS

## 21. Spinatbällchen aus der Mikrowelle

Ergibt: 24 Portionen

## ZUTATEN:

- 10 Unzen Spinat, gefroren
- ¾ Tasse Schweizer Käse, gerieben
- 2 Esslöffel Parmesankäse, gerieben
- ¼ Tasse trockene Semmelbrösel
- 1 Esslöffel Zwiebel, gerieben
- 1 Ei, geschlagen
- ½ Teelöffel Salz

## ANWEISUNGEN:

a) Legen Sie die Spinatpackung in die Mikrowelle und garen Sie sie auf hoher Stufe 4 bis 5 Minuten lang oder bis sie aufgetaut sind.

b) Abgießen und dabei kräftig andrücken, um so viel Flüssigkeit wie möglich zu extrahieren

c) Den Spinat mit dem Schweizer Käse und Parmesan, Semmelbröseln, Zwiebeln, Ei und Salz gut vermischen.

d) Formen Sie daraus 2,5 cm große Kugeln und verwenden Sie für jede Kugel 1½ Teelöffel der Mischung.

e) 2 Minuten lang auf höchster Stufe in der Mikrowelle erhitzen

f) Reduzieren Sie die Leistung auf mittlere oder halbe Leistung.

g) 5 Minuten lang in der Mikrowelle erhitzen oder bis es heiß und fest geworden ist, dabei ein- oder zweimal umstellen

## 22.  <u>Mit Speck umwickelte Käsehunde</u>

Ergibt: 4 Portionen

**ZUTATEN:**

- 4 Hotdogs
- 4 Scheiben Speck
- 1 Scheibe amerikanischer Käse
- 4 Hotdog-Brötchen
- Senf

**ANWEISUNGEN:**

a) Den Speck auf den Mikrowellenrost legen. Mit einem Papiertuch abdecken. 3½ Minuten lang oder bis fast fertig in der Mikrowelle auf höchster Stufe erhitzen.

b) Beginnen Sie ½ Zoll vom Ende entfernt und schneiden Sie jeden Hot Dog der Länge nach auf. Käse in 4 Streifen schneiden und in Hot-Dog-Brötchen legen.

c) Den Speck um die Hotdogs wickeln und mit Zahnstochern feststecken. Lassen Sie das Fett vom Speckrost abtropfen. Legen Sie Hotdogs auf den Rost.

d) Mit einem Papiertuch abdecken.

## 23. Bananen mit Schokoladenüberzug

Ergibt: 1 Portion

**ZUTATEN:**
- 10 feste Apfelbananen
- 10 flache Holzspieße
- 1 Tasse halbsüße Schokoladenstücke
- 3 Esslöffel Backfett

**ANWEISUNGEN:**
a) Von jeder Banane ein Stück schälen und von der Spitze abschneiden; Stecken Sie Spieße in die abgeschnittenen Enden. 3 Stunden in den Gefrierschrank stellen, bis es gefroren ist.
b) Kurz vor dem Servieren Schokolade und Backfett in eine Schüssel geben.
c) Mikrowelle bei 50 % Leistung für 2½–4 Minuten oder bis die meisten Stücke glänzend und weich sind; gut mischen.
d) Tauchen Sie die Bananen sofort in die Schokolade und wenden Sie sie nach Bedarf, bis die Bananen bedeckt sind.
e) Nach dem Servieren die restlichen überzogenen Bananen einpacken und einfrieren

## 24. <u>Fruchtige Nussbüschel</u>

## ZUTATEN:

- 1 Tasse Vanille- oder weiße Chips
- ⅓ Tasse getrocknete Preiselbeeren
- ⅓ Tasse gesalzene ganze Cashewnüsse

## ANWEISUNGEN:

a) In einer mikrowellengeeigneten Schüssel die Chips schmelzen; glatt rühren. Preiselbeeren und Cashewnüsse unterrühren.

b) Geben Sie esslöffelweise auf ein mit Backpapier ausgelegtes Backblech.

c) Im Kühlschrank aufbewahren, bis es fest ist.

d) In einem luftdichten Behälter aufbewahren.

## 25. Brezeln Schmetterlinge

**ZUTATEN:**

- Mini-Brezeln
- Stockbrezeln
- 4 verschiedene Farben von Candy Melts
- Farbige Streusel

**ANWEISUNGEN:**

a) Die Bonbons 1 Minute lang in der Mikrowelle erhitzen, damit sie schmelzen.

b) Tauchen Sie die Brezeln in die gewünschten Farben und ordnen Sie sie dann auf Pergamentpapier an, sodass entweder ein Schmetterling oder eine Libelle entsteht.

c) Die Stangenbrezeln werden in die Mitte gelegt und an den Seiten werden entweder 2 oder 4 Minibrezeln angewinkelt angebracht.

d) Streuen Sie alle lustigen Süßigkeitendekorationen darüber, die Sie haben.

e) Vollständig abkühlen lassen, bis es fest ist. Aufschlag.

## 26. <u>Schokoladenfrucht</u>

**ZUTATEN:**

- 12-Unzen-Beutel mit halbsüßen Schokoladenstückchen
- 10 Erdbeeren
- 2 Bananen, geschält und in Stücke geschnitten
- Spießstäbchen

**ANWEISUNGEN:**

a) Ein Backblech mit Wachspapier auslegen.

b) Schokolade in einer mikrowellengeeigneten Schüssel auf niedriger Stufe 4 Minuten lang in der Mikrowelle erhitzen und nach 1 Minute umrühren. Fahren Sie fort, bis die Schokolade geschmolzen ist.

c) Tauchen Sie die Früchte einzeln in geschmolzene Schokolade. Auf ein mit Papier ausgelegtes Tablett legen.

d) Auf Spieße stecken und 20 Minuten kalt stellen, bis sie fest sind.

## 27.  Kitschige Ofenkartoffel

**ZUTATEN:**

- 1 Kartoffel
- Öl
- Prise Salz
- 2 Esslöffel geriebener Käse
- ⅓ Tasse fein gehackte Paprika
- 1 Esslöffel Maiskörner
- 2 Esslöffel Sauerrahm, Mayonnaise oder Joghurt

**ANWEISUNGEN:**

a) Die Kartoffel mit etwas Öl und Salz einreiben und mit einer Gabel rundherum einstechen.

b) Legen Sie die Kartoffel in eine mikrowellengeeignete Schüssel und kochen Sie sie fünf Minuten lang auf höchster Stufe, bis sie weich ist.

c) Schneiden Sie die Kartoffel in Viertel, aber schneiden Sie die Schale an der Unterseite nicht durch, damit sie zusammenhält.

d) Streuen Sie etwas Käse auf den Boden und fügen Sie dann die Paprika und den Mais hinzu.

e) Sauerrahm oder Mayonnaise auf den restlichen Käse geben.

## 28. Käsige Nachos

**ZUTATEN:**

- 4 Unzen Maistortillachips
- ½ Tasse Salsa
- 1 Tasse geriebener Cheddar- oder Jack-Käse
- Bunte Beläge wie Babyspinatblätter, rote Kidneybohnen, Maiskörner, Kirschtomaten und geschnittene Paprikaschoten

**ANWEISUNGEN:**

a) Ordnen Sie die Maischips auf einem mikrowellenfesten Teller an.

b) Die Salsa über die Maischips verteilen.

c) Spinat, Bohnen, Mais, Tomaten und Paprika anrichten.

d) Den Käse darüber streuen.

e) 1½ Minuten lang auf höchster Stufe in der Mikrowelle erhitzen, bis der Käse geschmolzen ist.

f) Mit Guacamole, Sauerrahm oder extra Salsa servieren.

## 29. Ziegenkäse-Speckbällchen

Macht: 16

**ZUTATEN:**

- 6 Scheiben Speck
- 4 Unzen Ziegenkäse
- 4 Unzen Frischkäse
- 2 Esslöffel gehackter Thymian oder Basilikum geteilt
- ¼ Teelöffel schwarzer Pfeffer
- ¼ Tasse Pekannüsse

**ANWEISUNGEN:**

a) Den Speck in einer Pfanne bei mittlerer Hitze anbraten.
b) Zum Abtropfen auf einen mit Küchenpapier ausgelegten Teller geben.
c) Klopfen Sie die Scheiben ab, um überschüssiges Fett zu entfernen.
d) Während der Speck kocht, Ziegenkäse, Frischkäse, 1 Esslöffel Kräuter und schwarzen Pfeffer in der Küchenmaschine verrühren.
e) Rühren, bis eine cremige Masse entsteht.
f) Legen Sie die Kugeln auf ein mit Backpapier ausgelegtes Backblech.
g) Für 20 Minuten in den Gefrierschrank stellen, damit es noch etwas fester wird.
h) Reinigen Sie die Küchenmaschine. Den abgekühlten Speck, den restlichen Esslöffel Kräuter und die Pekannüsse hineinkrümeln.
i) Schneebesen, bis es sehr fein und krümelig ist; Es sollte so fein sein, wie es Ihre Küchenmaschine zulässt.
j) Nehmen Sie die Käsebällchen aus dem Gefrierschrank und wälzen Sie sie in der Speckmischung. Drücken Sie sie mit den Fingern hinein, wenn sie nicht sofort kleben bleiben.
k) Legen Sie die Kugeln auf die Seite in einen Behälter und stellen Sie sie bis zum Servieren in den Kühlschrank. Auf Zahnstochern oder mit Crackern servieren.

## 30. Chex, schlammige Freunde

Ausbeute: 9 Tassen

Zutat
- 9 Tassen Cerealien der Marke Chex
- 1 Tasse halbsüße Schokoladenstückchen
- ½ Tasse REESE'S Erdnussbutter
- ¼ Tasse Margarine oder Butter
- 1 Teelöffel Vanilleextrakt
- 1½ Tasse C&H-Puderzucker (optional)

Müsli in eine große Schüssel geben; beiseite legen.

In einer mikrowellengeeigneten 1-Liter-Schüssel HERSHEY'S Chocolate Chips, REESE'S Erdnussbutter und Margarine vermengen. 1 bis 1½ Minuten lang in der Mikrowelle auf hoher Stufe erhitzen oder bis eine glatte Masse entsteht, nach 1 Minute umrühren

Vanille einrühren.

Gießen Sie die Schokoladenmischung über das Müsli und rühren Sie um, bis alle Stücke gleichmäßig bedeckt sind. Gießen Sie die Getreidemischung in einen großen wiederverschließbaren GLAD-LOCK-Plastikbeutel mit C&H-Puderzucker. Gut verschließen und schütteln, bis alle Stücke gut bedeckt sind. Zum Abkühlen auf Wachspapier verteilen. >>> Fortsetzung zur nächsten Nachricht

## 31. <u>Müsliriegel mit Aprikosen</u>

- 2 EL. schnell kochender Hafer
- 2 EL. gekochte Quinoa
- 2 EL. fein gehackte getrocknete Aprikosen
- 1 EL. fein gehackte Cashewnüsse
- 1 EL. ungesüßte Kokosraspeln2 EL. Pflanzenöl
- 2 EL. Ahornsirup
- ¼ TL. koscheres Salz

Sprühen Sie die Innenseite eines 12-oz. Becher mit dem Kochspray. 2. In einer kleinen bis mittelgroßen Schüssel alle Zutaten verrühren. Gießen Sie die Mischung in die Tasse.

Abdecken und in die Mikrowelle stellen, bis die Haferflocken gar sind, etwa 3 Minuten.

Gießen Sie die heiße Mischung auf ein Stück Pergament oder Wachspapier und formen Sie sie zu einem Rechteck oder einem traditionellen schmalen Riegel. 30 Minuten oder länger im Kühlschrank lagern, bis es kalt und fest ist.

## 32. <u>Mikrowellenbecher-Pizza</u>

Macht: 1

**ZUTATEN:**
- 4 Esslöffel Allzweckmehl
- ⅛ Teelöffel Backpulver
- 1/16 Teelöffel Backpulver
- ⅛ Teelöffel Salz
- 3 Esslöffel Milch
- 1 Esslöffel Olivenöl
- 1 Esslöffel Marinara-Sauce
- 1 großzügiger Esslöffel geriebener Mozzarella-Käse
- 5 Mini-Peperoni
- ½ Teelöffel getrocknete italienische Kräuter

**ANWEISUNGEN:**
a) Mehl, Backpulver, Natron und Salz in einem mikrowellengeeigneten Becher vermischen.
b) Milch und Öl dazugeben und verrühren.
c) Geben Sie die Marinara-Sauce darüber und verteilen Sie sie auf der Oberfläche des Teigs.
d) Mit Käse, Peperoni und getrockneten Kräutern bestreuen
e) 1 Minute und 20 Sekunden lang in der Mikrowelle erhitzen, oder bis es aufgeht und der Belag Blasen wirft.

## 33. Käsedip

## ZUTATEN:

- 4 Unzen Frischkäse
- 1½ Tassen geriebener Cheddar-Käse
- 1 Esslöffel süße Chilisauce
- Karotten, Sellerie, Tomaten und Gurken, in dünne Scheiben geschnitten

## ANWEISUNGEN:

a)  Den Frischkäse und den geriebenen Käse in eine mikrowellengeeignete Schüssel geben und auf der Stufe „niedrig" oder „schmelzen" eine Minute garen.
b)  Die Chilisauce hinzufügen und gründlich umrühren.
c)  Mit Gemüse zum Dippen servieren.

## 34. <u>Hot Dog mit Honig-Senf</u>

**ZUTATEN:**

- 1 Hotdog, in 8 Scheiben geschnitten
- ¼ Tasse geriebener Mozzarella-Käse
- 2 Esslöffel Honigsenf

**ANWEISUNGEN:**

a) Mischen Sie alle Zutaten in einem 12-Unzen-Becher.

b) Abdecken und kochen, bis der Hot Dog heiß ist und der Käse etwa 2½ Minuten geschmolzen ist.

# SANDWICH UND WRAP

## 35. Hühnchen-Ananas-Burrito

**ZUTATEN:**

- ½ Tasse zerkleinertes Hähnchen, ohne Haut
- 3 Esslöffel hochwertige Salsa
- 2 Esslöffel schwarze Bohnen aus der Dose, abgespült und abgetropft
- 2 Esslöffel fein gehackte rote Zwiebeln
- 2 Esslöffel gewürfelte frische Ananas
- 2 Esslöffel fein gehackte Paprika
- ¼ Teelöffel gemahlener Kreuzkümmel
- ¼ Teelöffel koscheres Salz
- 6-Zoll-Weizentortilla

**ANWEISUNGEN:**

a) In einer Schüssel alle Zutaten außer der Tortilla vermischen.
b) In einen 12-Unzen-Becher gießen.
c) Abdecken und in der Mikrowelle erhitzen, bis die Zwiebeln weich sind, etwa 2 Minuten.
d) Die Tortilla auf einen Teller legen und mit einem sauberen Küchentuch abdecken.
e) In der Mikrowelle erhitzen, bis es warm ist, etwa 20 Sekunden
f) Die Füllung auf die Tortilla geben und aufrollen.

## 36. Edamame-Wraps

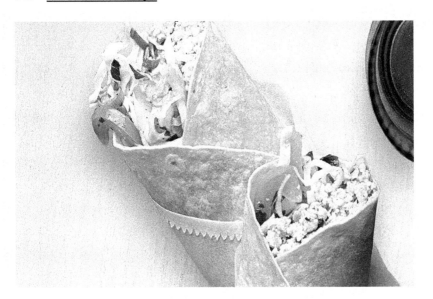

**ZUTATEN:**

- 6 Esslöffel Edamame-Hummus
- 2 Mehl-Tortillas
- ½ Tasse geraspelte Karotten und Kohl
- 1 Tasse frischer Babyspinat
- 6 Scheiben Tomate
- 2 Esslöffel Salatdressing der grünen Göttin

**ANWEISUNGEN:**

a) Hummus auf jeder Tortilla verteilen.
b) Mit Kohl und Karotten, Spinat und Tomaten belegen.
c) Mit Dressing beträufeln.
d) Fest aufrollen.
e) 2 Minuten in der Mikrowelle erwärmen.

## 37.  Sauerkraut-Sandwich

**ZUTATEN:**

- 4 dicke Scheiben französisches Brot
- 1 Esslöffel Butter
- 4 Scheiben Bologna
- 4 Scheiben Salami
- 16-Unzen-Dose Sauerkraut
- 1 Tasse Mozzarella-Käse, gerieben

**ANWEISUNGEN:**

a) Das Baguette mit Butter bestreichen und eine Scheibe Bologna und Salami hinzufügen.

b) Sauerkraut und Käse hinzufügen.

c) Auf einen mikrowellengeeigneten Teller legen und 3 Minuten in der Mikrowelle erhitzen, bis es warm ist.

## 38. Mexikanischer Gemüseburger

- ½ Tasse Pintobohnen aus der Dose, abgespült und abgetropft
- ¼ Tasse einfache Vollkorn-Semmelbrösel
- ¼ Tasse Salsa
- ¼ Tasse fein geriebene Karotten
- 1 EL. dünn geschnittene Frühlingszwiebeln
- ½ Avocado, in Scheiben geschnitten
- Hamburgerbrötchen zum Servieren (optional)

In einer mittelgroßen Schüssel Pintobohnen, Semmelbrösel, Salsa, Karotten und Frühlingszwiebeln mit einem Kartoffelstampfer zerdrücken. Mit den Händen eine Kugel formen und in einen 16-Unzen-Behälter geben. Becher.

Abdecken und in die Mikrowelle stellen, bis die Frühlingszwiebeln weich und der Burger heiß ist (ca. 2 Minuten). Mit den Avocadoscheiben belegen. Nach Belieben auf einem Hamburgerbrötchen servieren.

## 39. Hamburger gegrillter Käse

**ZUTATEN:**

- 1 Hamburgerbrötchen, geteilt
- 1 Teelöffel gelber Feinkostsenf, geteilt
- ¼ Tasse geriebener Cheddar-Käse, geteilt
- 1 Esslöffel Milch

**ANWEISUNGEN:**

a) Den Senf auf beide Brötchenhälften verteilen und gleichmäßig verteilen.

b) Legen Sie eine Brötchenhälfte mit der Senfseite nach oben in einen 12-Unzen-Becher.

c) Mit der Hälfte des Käses belegen.

d) Die andere Brötchenhälfte mit der Senfseite nach oben darauflegen.

e) Mit dem restlichen Käse belegen und dann die Milch darübergießen.

f) Abdecken und in die Mikrowelle stellen, bis der Käse schmilzt, etwa 3 Minuten.

# Hauptgerichte aus der Mikrowelle

## 40. TexMex Tassenauflauf

Ergiebigkeit: 4 Portionen

Zutat

- 1 Pfund Rinderhackfleisch
- 1 mittelgroße Zwiebel, gehackt
- ½ (1 25 oz.) Umschlag-Taco-Gewürzmischung
- ½ (15 bis 16 Unzen) Glas Salsa
- ¼ Tasse Sauerrahm
- 1½ Tasse Tortilla oder Maischips
- ¼ Tasse geriebener Cheddar

In einer mittelgroßen Schüssel Rinderhackfleisch, Zwiebeln und Taco-Gewürzmischung vermischen; Zugedeckt bei höchster Stufe 4 bis 6 Minuten garen, bis das Rindfleisch nicht mehr rosa ist, dabei nach der Hälfte der Garzeit einmal umrühren.

Salsa und Sauerrahm unterrühren. 2. In einen 1½-Liter-Auflauf die Hälfte der Fleischmischung, alle Tortillachips und dann die restliche Fleischmischung schichten.

Zugedeckt 1 bis 2 Minuten kochen, bis es heiß ist

Aufdecken; mit Käse bestreuen. 1 bis 2 Minuten kochen lassen, bis der Käse schmilzt. Serviervorschlag: Mit beliebigen Taco-Beilagen belegen: geriebener Salat, gehackte Tomaten, Avocadoscheiben.

## 41. <u>Würzige koreanische Fleischbällchen</u>

**ZUTATEN:**

- 2 Esslöffel koreanische Gochujang-Sauce
- ½ Teelöffel gehackter frischer Ingwer
- ½ Teelöffel frischer Limettensaft
- ½ Teelöffel natriumarme Sojasauce
- ½ Teelöffel Honig
- 4 gefrorene vorgegarte Fleischbällchen

**ANWEISUNGEN:**

a) Gochujang-Sauce, Ingwer, Limettensaft, Sojasauce und Honig in einem 12-Unzen-Becher verrühren.

b) Die Fleischbällchen dazugeben und umrühren.

c) Abdecken und in die Mikrowelle stellen, bis die Mitte der Fleischbällchen heiß ist, etwa 4 Minuten.

## 42. Fleischbällchen-Parmesan

**ZUTATEN:**

- ¼ Tasse plus 2 Esslöffel Marinara-Sauce
- 3 Esslöffel geriebener Mozzarella-Käse
- 1 Esslöffel fein geriebener Parmigiano-Reggiano-Käse
- 4 gefrorene vorgegarte Fleischbällchen
- 1 Hoagie-Brötchen, aufgeschnitten und geröstet

**ANWEISUNGEN:**

a)  In einer Schüssel die Marinara-Sauce, beide Käsesorten und die Fleischbällchen vermischen und in einen 12-Unzen-Becher gießen.

b)  Abdecken und in die Mikrowelle stellen, bis die Mitte der Fleischbällchen heiß ist, etwa 4 Minuten.

c)  Über das Brot gießen.

## 43. <u>BBQ-Hähnchen</u>

**ZUTATEN:**
- 4 Hähnchenbrüste
- ½ Tasse Barbecuesauce
- ¼ Tasse Cheddar-Käse
- 3 Esslöffel Speckstücke

**ANWEISUNGEN:**
a) Hähnchenbrust in eine Mikrowellenschüssel geben.
b) Mit Soße belegen.
c) 5 Minuten in der Mikrowelle kochen.
d) Mit Cheddar-Käse und Speckstücken bestreuen.
e) Weitere 3 Minuten in der Mikrowelle garen.

## 44. <u>Mango-Montags-Hackbraten</u>

## ZUTATEN:

- 1 Pfund mageres Rinderhackfleisch
- 1 Tasse gehackte Mango
- 1 Tasse Semmelbrösel
- 1 Ei
- 1 Zwiebel, gerieben
- Salz und Pfeffer nach Geschmack

## ANWEISUNGEN:

a) Alle Zutaten in eine Schüssel geben und mit den Händen vermischen.

b) Zu einem Laib formen und in eine Kastenform aus Glas legen.

c) Mit mikrowellengeeignetem Wachspapier abdecken und 18 Minuten in der Mikrowelle garen.

## 45. Pilze aus der Mikrowelle

**ZUTATEN:**

- ¼ Tasse Maisstärke
- 2½ Tassen Rinderbrühe
- 6-Unzen-Glas mit geschnittenen Pilzen
- 4 Teelöffel Worcestershire-Sauce
- 1 Teelöffel getrocknete Kaution
- 1 Ei
- ½ Tasse Semmelbrösel
- 1 Zwiebel, gerieben
- ½ Teelöffel Salz würzen
- ¼ Teelöffel Pfeffer
- 1½ Pfund Hackfleisch

**ANWEISUNGEN:**

a) Maisstärke und Rinderbrühe in einer mikrowellengeeigneten Auflaufform vermischen.

b) Pilze, Worcestershire-Sauce und Basilikum unterrühren.

c) In einer separaten Schüssel Ei, Semmelbrösel, Zwiebel, Salz und Pfeffer verrühren und vermengen.

d) Hackfleisch zur Semmelbröselmischung geben.

e) Mischen, bis sich 6 Pastetchen formen lassen, und in die mikrowellengeeignete Auflaufform geben.

f) Die Pastetchen 7 Minuten lang auf höchster Stufe in der Mikrowelle erhitzen oder bis die Pastetchen gar sind.

g) Nach der Hälfte der Garzeit die Patties umdrehen.

## 46. <u>Lasagne in einer Tasse</u>

**ZUTATEN:**

- 2 Nudel-Lasagne-Blätter, servierfertig
- 6 Unzen Wasser
- 1 Teelöffel Olivenöl oder Kochspray
- 3 Esslöffel Pizzasauce
- 4 Esslöffel Ricotta oder Hüttenkäse
- 3 Esslöffel Spinat
- 1 Esslöffel Cheddar-Käse
- 2 Esslöffel Brühwurst

**ANWEISUNGEN:**

a) Brechen Sie Lasagneblätter auf und legen Sie sie richtig in den Becher.
b) Mit Olivenöl besprühen, verhindert ein Anhaften.
c) Lasagne mit Wasser bedecken.
d) 4 Minuten in der Mikrowelle kochen oder bis die Nudeln zart aussehen.
e) Entfernen Sie das Wasser und legen Sie die Nudeln beiseite.
f) In denselben Becher Pizzasauce und etwas Nudeln geben.
g) Spinat, Ricotta und Wurst in Schichten hinzufügen.
h) Den Cheddar-Käse darüber streuen.
i) Setzen Sie die Schichten erneut fort, beginnend mit den Nudeln.
j) In die Mikrowelle stellen und mit einer mikrowellengeeigneten Abdeckung abdecken.
k) 3 Minuten in der Mikrowelle garen.
l) 2 Minuten abkühlen lassen und genießen.

## 47. Pesto-Nudeln

**ZUTATEN:**
- 225 g getrocknete Nudelspiralen
- 1 Tasse geriebener Käse
- 6 Kirschtomaten, halbiert

**PESTO**
- 1 Bund frisches Basilikum
- ¼ Tasse Pinienkerne
- ½ Tasse frisch geriebener Parmesankäse
- 40 ml natives Olivenöl extra
- Prise Salz

**ANWEISUNGEN:**
a) Um die Nudeln zu kochen, geben Sie 225 g Nudelspiralen in eine Mikrowellenschüssel.

b) 1 l kochendes Wasser darübergießen. 15 ml Öl und Lebensmittelfarbe hinzufügen und abdecken.

c) Bei 1000 W 8–10 Minuten kochen, dabei halb umrühren. Alternativ können Sie auch übrig gebliebene gekochte Nudeln verwenden.

d) In der Zwischenzeit alle Zutaten in einer Küchenmaschine für das Pesto vermengen. Verarbeiten, bis eine pastöse Konsistenz entsteht. Restliches Pesto einfrieren.

e) In einer quadratischen, mikrowellengeeigneten, flachen Glasschüssel die gekochten Nudeln und ¼ Tasse Pesto vermischen, ½ Tasse geriebenen Käse und die Kirschtomaten darüberstreuen.

f) Verwenden Sie die Mikrowellenfunktion, um den Käse 4 Minuten lang zu garen oder bis der Käse geschmolzen ist.

g) Aus der Mikrowelle nehmen und etwas abkühlen lassen, bevor es mit etwas Gemüse und gehacktem Obst serviert wird.

## 48.  <u>Klebriges Huhn</u>

## ZUTATEN:

- 1 Esslöffel Olivenöl
- 2 Esslöffel salzarme Sojasauce
- 1 Esslöffel reiner Ahornsirup
- ¼ Tasse Honig
- 750 g Hähnchenkeulen

## ANWEISUNGEN:

a) Für die Marinade Olivenöl, Sojasauce, Ahornsirup und Honig vermischen.

b) Legen Sie das Hähnchen in eine flache, mikrowellengeeignete Glasschüssel und gießen Sie die Marinade darüber.

c) Alles vermischen und, wenn Sie Zeit haben, für mindestens 1 Stunde in den Kühlschrank stellen.

d) Stellen Sie die Glasschale auf das Emailleblech und garen Sie sie 30 Minuten lang. Drehen Sie sie dabei nach 15 Minuten um, bis die goldbraune, klebrige Konsistenz entsteht.

e) Aus der Mikrowelle nehmen und etwas abkühlen lassen, bevor es mit etwas Gemüse und gehacktem Obst serviert wird.

## 49.  Gebratener Eierreis in einer Tasse

Ergibt: 1 Portion

**ZUTATEN:**
- 1 Tasse gekochter Jasminreis
- 2 Esslöffel gefrorene Erbsen
- 2 Esslöffel gehackte rote Paprika
- ½ Stiel Frühlingszwiebel, in Scheiben geschnitten
- 1 Prise Mungobohnensprossen
- 1 Prise geriebener Rotkohl
- 1 Ei
- 1 Esslöffel natriumarme Sojasauce
- ½ Teelöffel Sesamöl
- ½ Teelöffel Zwiebelpulver
- ¼ Teelöffel Fünf-Gewürze-Pulver

**ANWEISUNGEN:**
a) Geben Sie den Reis in eine Tasse.
b) Erbsen, rote Paprika, Frühlingszwiebeln, Mungobohnensprossen und Kohl darauf legen.
c) Decken Sie den Becher mit Frischhaltefolie ab.
d) Stechen Sie mit einem Messer Löcher in die Folie.
e) 1 Minute und 15 Sekunden lang auf höchster Stufe in der Mikrowelle erhitzen.
f) In der Zwischenzeit das Ei verquirlen und Sojasauce, Sesamöl, Zwiebelpulver und Fünf-Gewürze-Pulver untermischen.
g) Gießen Sie die Eiermischung in den Becher und verrühren Sie sie mit dem Gemüse und dem Reis
h) Decken Sie den Becher erneut mit Frischhaltefolie ab und stellen Sie ihn für 1 Minute 15 Sekunden bis 1 Minute 30 Sekunden in die Mikrowelle.
i) Nehmen Sie die Tasse aus der Mikrowelle und rühren Sie alles gut um.
j) Lassen Sie den gebratenen Reis eine Minute ruhen, um den Garvorgang abzuschließen.
k) Den Reis mit einer Gabel auflockern und servieren.

## 50. Pamesan Hühnchen

Ergiebigkeit: 4 Portionen

Zutat

- 4 Hähnchenbrusthälften, ohne Haut und ohne Knochen
- 1 Ei
- ½ Tasse geriebener Parmesankäse
- ⅓ Tasse Getrocknete Semmelbrösel, gewürzt
- Oregano, Paprika, Salz
- 1 große Zwiebel, grob gehackt
- 1 Knoblauchzehe, gehackt
- 1 (15 oz.) Dose Tomaten
- ½ Tasse Oliven, entkernt, reif, in Scheiben geschnitten
- ⅓ Tasse Basilikumblätter
- 3 Esslöffel Butter

Erhitzen Sie im Tortenteller 2 Esslöffel Butter auf hoher Stufe 45 Sekunden lang oder bis sie geschmolzen sind. Leicht abkühlen lassen; Ei unterschlagen. Mischen Sie auf Wachspapier Parmesankäse, Semmelbrösel, Oregano und Paprika.

Die Schnitzel in die Buttermischung tauchen und mit den Krümeln bestreichen. In einer 9 x 13 Zoll großen Auflaufform die mit Wachspapier abgedeckten Koteletts 6 bis 8 Minuten lang auf höchster Stufe garen und nach der Hälfte der Garzeit neu anordnen. 5 Minuten stehen lassen.

In der Zwischenzeit in einer 1½-Liter-Schüssel Zwiebel, Knoblauch und 1 Esslöffel Butter auf höchster Stufe 4 Minuten kochen, dabei einmal umrühren. Tomaten mit ½ Tasse Tomatenflüssigkeit, Oliven, Basilikum und Salz hinzufügen. 2 bis 3 Minuten auf höchster Stufe kochen.

## 51. Gebackener Schinken und Äpfel

Ergiebigkeit: 6 Portionen

Zutat

- 3 Tassen Schinken; gekocht und gewürfelt
- Je 3 Kochäpfel
- ½ Tasse brauner Zucker; fest verpackt
- 2 Esslöffel Allzweckmehl
- 2 Esslöffel Zitronensaft
- 1 Esslöffel zubereiteter Senf
- 1 Teelöffel abgeriebene Orangenschale
- 1 Esslöffel Petersilie; gehackt, frisch

Kombinieren Sie die ersten 7 Zutaten; gut vermischen. Geben Sie die Mischung in einen 2-Liter-Auflauf und decken Sie ihn mit einer robusten Plastikfolie ab

7 bis 9 Minuten lang bei hoher Temperatur in der Mikrowelle erhitzen oder bis die Äpfel weich sind, dabei die Mischung nach 4 Minuten umrühren. Petersilie darüber streuen.

## 52. Bohnen mal anders

Ergiebigkeit: 1 Portion
Zutat
- 2 Tassen gekochte grüne Bohnen
- 2 Esslöffel Sauerrahm
- 2 Esslöffel Frischkäse
- ¼ Teelöffel Currypulver
- 2 Frühlingszwiebeln (oder Schnittlauch)
- ¼ Teelöffel Salz

Alle Zutaten außer Bohnen vermischen. In einen Glaskrug geben. 30–40 Sekunden auf HOCH erhitzen. Über die Bohnen gießen und nach Belieben untermischen.
Wenn Sie konventionell kochen, erhitzen Sie es bei sehr schwacher Hitze.

## 53. Rindfleisch-Bourguignonne

Ausbeute: 8 Portionen

Zutat

- 2 Pfund Rinderfutter ohne Knochen
- ¼ Tasse ungebleichtes Allzweckmehl
- 1⅓ Tasse geschnittene Karotten
- 14½ Unzen Tomaten
- 1 Med. Lorbeerblatt
- 1 Umschlag Suppenmischung
- ½ Tasse Rotwein
- 8 Unzen Pilze
- 8 Unzen mittelgroße oder breite Eiernudeln

In einem 2-Liter-Auflauf das Rindfleisch mit Mehl vermengen und dann ohne Deckel 20 Minuten backen. Fügen Sie Karotten, Tomaten und Lorbeerblatt hinzu und fügen Sie dann die Rezeptsuppenmischung mit kräftigen Zwiebeln und Wein hinzu. Zugedeckt 1½ Stunden backen oder bis das Rindfleisch zart ist. Pilze hinzufügen und zugedeckt weitere 10 Minuten backen. Lorbeerblatt entfernen.

In der Zwischenzeit Nudeln nach Packungsanweisung kochen.

## 54. Schwarzaugenerbsen in der Mikrowelle

Ausbeute: 4 Portionen

Zutat

- 1 Packung (10 oz) gefrorene Erbsen
- ¼ Tasse Wasser
- Speckfett; Butter oder Schinken

Geben Sie alle Zutaten in einen 1-Liter-Auflauf. 10–11 Minuten in der Mikrowelle backen.

## 55. Mit Brokkoli gefülltes Hähnchen

Ausbeute: 4 Portionen

Zutat

- 1 Packung gefrorener, gehackter Brokkoli; gurren
- 2 Frühlingszwiebeln; gehackt
- 4 Unzen Monterey-Jack-Käse
- 3 große ganze Hähnchenbrust
- 3 Scheiben (1 Unze) gekochter Schinken; in Hälften schneiden
- 1 Tasse frische Semmelbrösel
- 1 Esslöffel Petersilie
- ½ Teelöffel Paprika
- 3 Esslöffel Margarine; geschmolzen
- 1 Esslöffel Mehl
- ¼ Teelöffel Salz
- ⅛ Teelöffel Pfeffer
- 1 Tasse Milch

Jede Hähnchenbrust auf ¼ Zoll klopfen und jeweils mit 1 Stück Schinken und einer gleichen Menge Brokkolimischung belegen.

Auf einem Tortenteller oder auf Wachspapier Semmelbrösel, Petersilie und Paprika vermengen.

Das Hähnchen mit etwa 1 Esslöffel Margarine bestreichen. Hähnchen mit gewürzten Semmelbröseln bestreichen.

Legen Sie das Hähnchen in eine 9 x 13 Zoll große Auflaufform. Locker mit Wachspapier abgedeckt bei hoher 100-%-Leistung 10 bis 12 Minuten garen.

Die Soße rund um das Hühnchen verteilen

# 56. **Rosenkohl mit Mandeln**

Ergiebigkeit: 4 Portionen

Zutat

- 1 Pfund gefrorener Rosenkohl
- 3 Esslöffel Mandelblättchen
- ¼ Tasse Butter
- 2 Esslöffel frischer Zitronensaft
- Salz und Pfeffer
- 1 Teelöffel Zitronensaft
- ½ Teelöffel abgeriebene Zitronenschale
- 1 Prise Piment

Die gefrorenen Sprossen mit ¼ Tasse Wasser in eine Auflaufform geben. Abdecken und 10 Minuten lang auf HIGH in der Mikrowelle erhitzen.

Die gehobelten Mandeln auf einem Teller verteilen und 3 bis 4 Minuten lang auf höchster Stufe in der Mikrowelle erhitzen, dabei ein- oder zweimal während des Kochens wenden, bis sie goldbraun sind.

Geben Sie die Butter in eine Schüssel und schmelzen Sie sie 1,5 Minuten lang in der Mikrowelle auf HOCH. Den Zitronensaft hinzufügen. Mit Salz und Pfeffer würzen.

Die Sprossen abtropfen lassen. In eine Gemüseform geben und die Zitronenbutter darübergießen; gut umrühren. Mit den Mandelblättchen bestreuen und heiß servieren.

## 57. Huhn mit Pilzen

Ergiebigkeit: 5 Portionen

Zutat

- 3 Esslöffel Allzweckmehl
- ½ Teelöffel Salz
- ¼ Teelöffel Pfeffer
- 4 Hähnchenbrust ohne Knochen und ohne Haut
- 2 Esslöffel ungesalzene Butter, geteilt
- 1 Esslöffel Pflanzenöl
- 6 Unzen frische Pilze, in Scheiben geschnitten
- ¼ Tasse Marsala-Wein
- ¼ Tasse Rinderbrühe
- 2 Teelöffel Maisstärke

Mehl, Salz und Pfeffer auf einem Stück Wachspapier vermischen. Das Huhn in der Mehlmischung eintauchen, damit es gut bedeckt ist. Erhitzen Sie 1 Esslöffel Butter und Pflanzenöl in einer großen, schweren Pfanne bei mäßiger Hitze. Das Hähnchen dazugeben und von beiden Seiten anbraten.

Die Pilze anbraten und den Marsala-Wein hinzufügen.

Legen Sie das Hähnchen in eine Mikrowellen-Auflaufform. Alles mit der Pilz-Wein-Mischung übergießen. 6 bis 8 Minuten kochen lassen

Brühe und Maisstärke in einer kleinen Schüssel glatt rühren. In die Backformflüssigkeit einrühren. Ohne Deckel 2 bis 3 Minuten lang bei 100 % Leistung mikrokochen

## 58. Couscous-Mikrowelle

Ergiebigkeit: 1 Portion

Zutat

- 1 Tasse Couscous
- ¼ Teelöffel Piment – optional
- 1 Esslöffel Olivenöl
- 1½ Tasse Wasser
- ¼ Teelöffel Pfeffer – frisch gemahlen

Couscous und Öl in einem mikrowellenfesten 2-Liter-Auflauftopf vermischen und umrühren, bis alle Körner gut bedeckt sind. Dadurch wird verhindert, dass sie zusammenkleben. Nach Belieben Pfeffer und Piment unterrühren.

Mikrowelle ohne Deckel für 1 Minuten auf höchster Stufe erhitzen

Gut umrühren. Wasser einfüllen und umrühren.

Unbedeckt auf höchster Stufe in der Mikrowelle erhitzen, bis das Wasser aufgesogen ist und die Körner zart sind, 2 bis 3 Minuten

## 59. Cranberry-Orangen-Lammkoteletts

Ausbeute: 4 Portionen

Zutat

- 4 Lammkoteletts, geschnitten
- 1-1/2 Zoll
- Dicke, bräunende Soße
- ½ Tasse gehackte Zwiebel
- 1 Tasse Orangensaft
- 1 Tasse frische oder gefrorene Cranberries
- ½ Tasse) Zucker
- 1 Esslöffel Mehl
- 1 Esslöffel Dijon-Senf
- 1 Teelöffel geriebene Orangenschale
- ½ Teelöffel Piment

Legen Sie das Lammfleisch in eine flache 9-Zoll-Schale, bestreichen Sie es mit der Bräunungssoße und belegen Sie es mit den Zwiebeln. Bei mittlerer Leistung bei 70 % Leistung 12 Minuten lang in der Mikrowelle garen, dabei einmal wenden. Abgießen. Die restlichen Zutaten in einen großen Glasmessbecher geben. Bei hoher Leistung garen 6 Minuten lang in der Mikrowelle erhitzen oder bis es zum Kochen kommt, dabei zweimal umrühren. Die Soße über das Lammfleisch gießen. Zu diesem Zeitpunkt kann es gefrieren

Kochen; 5 Minuten bei mittlerer Leistung kochen

## 60. Warme Erdnussnudeln

- Antihaft-Kochspray
- 2 EL. cremige Erdnussbutter
- 1 EL. ungewürzter Reisessig
- 1 Teelöffel. Sesamöl
- 1 Teelöffel. natriumarme Sojasauce
- 1 Teelöffel. Honig
- 2 TL. dünn geschnittene Frühlingszwiebeln
- ⅛ TL. geriebener frischer Ingwer
- 1½ Tassen verpackte gekochte Vollkorn-Fettuccini oder Linguini
- 1 EL. geröstete Erdnüsse, fein gehackt

Sprühen Sie die Innenseite eines 12-oz. Becher mit Kochspray.

Erdnussbutter, Essig, Öl, Sojasauce, Honig, die Hälfte der Frühlingszwiebeln und Ingwer in den Becher geben und gut umrühren.

Abdecken und etwa 30 Sekunden lang in der Mikrowelle erhitzen, bis eine glatte Masse entsteht. Aufsehen. Die Nudeln einrühren, abdecken und etwa eine weitere Minute in die Mikrowelle stellen, bis sie warm sind.

Mit den restlichen Frühlingszwiebeln und Erdnüssen belegen.

## 61. Polenta-Lasagne

- Antihaft-Kochspray
- 1 Tasse hochwertige Marinara-Sauce
- Etwa eine halbe Tube vorgekochte Polenta, in drei ½ Zoll dicke Scheiben schneiden
- 3 EL. plus 1 TL. geriebener Mozzarella-Käse

Sprühen Sie die Innenseite eines 16-oz. Becher mit Kochspray.

Geben Sie ¼ Tasse Soße auf den Boden des Bechers, fügen Sie dann eine Runde Polenta und dann 1 EL hinzu. des Käses. Wiederholen Sie die Schichtung noch zweimal. Fügen Sie die restliche ¼ Tasse Soße hinzu, dann den restlichen 1 TL. Käse.

Abdecken und ca. 3 Minuten kochen lassen, bis es heiß ist.

## 62. Sloppy Joe mit Schweinefleisch

- 1 Tasse gekochtes Schweinehackfleisch
- 3 EL. Ketchup
- 2 EL. dünn geschnittene Frühlingszwiebeln
- 1 EL. gelber Senf
- ⅛ TL. koscheres Salz
- 1 Vollkorn-Burgerbrötchen, geröstet

In einer kleinen Schüssel Schweinefleisch, Ketchup, Frühlingszwiebeln, Senf und Salz verrühren. In einen 16-Unzen-Behälter gießen. Becher.
Abdecken und in die Mikrowelle stellen, bis es heiß ist, etwa 2 Minuten. Auf die untere Hälfte des gerösteten Brötchens geben und mit der Oberseite abdecken.

## 63. Hähnchen-Potpie

- ½ Tasse zerkleinertes Brathähnchen oder Brathähnchen (ohne Haut)
- ½ Tasse gefrorenes gemischtes Gemüse (wie Erbsen und Karotten), aufgetaut und abgetropft
- 2 EL. geriebener Cheddar-Käse
- 3 EL. Milch
- 1 EL. fein gehackter frischer Dill
- ¼ TL. koscheres Salz
- 4 Mahlungen schwarzer Pfeffer
- ½ Keks, ganz gelassen oder zerkrümelt
- ⅛ TL. Paprika

In einer kleinen Schüssel Hühnchen, Gemüse, Käse und 2 EL verrühren. der Milch, dem Dill, Salz und Pfeffer. In einen 16-Unzen-Behälter gießen. Becher nehmen und einpacken. Mit dem Keks belegen und mit den restlichen 1 EL beträufeln. Milch hinzufügen und mit Paprika bestreuen.

Abdecken und in die Mikrowelle stellen, bis der „Potpie" heiß ist, etwa 3 Minuten.

## 64. Hühnchen und Spaghetti

- Antihaft-Kochspray
- ½ Tasse zerkleinertes Brathähnchen oder Brathähnchen (ohne Haut)
- ½ Tasse gekochte Vollkornspaghetti
- ¼ Tasse Marinara-Sauce
- ¼ Tasse geriebener Mozzarella-Käse
- ¼ TL. getrockneter Oregano
- ⅛ TL. koscheres Salz

Sprühen Sie die Innenseite eines 12-oz. Becher mit Kochspray.

Alle Zutaten in einer kleinen Schüssel verrühren und dann in den Becher gießen.

Abdecken und in die Mikrowelle stellen, bis es heiß ist, etwa 2 Minuten.

## 65. Pasta mit Cheddar

- ¼ Tasse Milch, idealerweise 2 % oder Vollmilch
- ½ Tasse geriebener Cheddar-Käse
- 1 EL. ungesalzene Butter
- ⅛ TL. koscheres Salz
- 1 Tasse gekochte Vollkorn-Makkaroni

In einem 12-oz. Tasse, stellen Sie die Milch etwa 30 Sekunden lang in die Mikrowelle, bis sie heiß ist. Sofort Käse, Butter und Salz unterrühren, bis eine relativ glatte Masse entsteht. Die Nudeln unterrühren.

Abdecken und in der Mikrowelle erhitzen, bis der Käse schmilzt und die Nudeln warm sind (2 bis 3 Minuten). Nochmals umrühren.

## 66. <u>Thunfisch Nudel Auflauf</u>

- ½ Tasse gekochte Vollkorn-Makkaroni
- 3 EL. geriebener Cheddar oder Schweizer Käse
- 3 EL. Milch
- 2 EL. dünn geschnittene Frühlingszwiebeln
- ½ TL. dijon Senf
- ⅛ TL. koscheres Salz
- 3 Mahlungen schwarzer Pfeffer
- 1 EL. einfache Vollkorn-Semmelbrösel
- 1 Teelöffel. Olivenöl

In einer kleinen Schüssel Thunfisch, Nudeln, Käse, Milch, Frühlingszwiebeln, Senf, Salz und Pfeffer verrühren und den Thunfisch mit einer Gabel zerkleinern. In einen 12-Unzen-Behälter gießen. Becher.

Abdecken und in die Mikrowelle stellen, bis der Käse schmilzt, etwa 2 Minuten.

In einer kleinen Schüssel Semmelbrösel und Öl verrühren. Darüber streuen.

## 67. Pastitsio

- Antihaft-Kochspray
- ¾ Tasse gekochte Vollkorn-Makkaroni
- ½ Tasse gekochtes Hackfleisch
- ¼ Tasse geriebener Mozzarella
- 3 EL. Tomatenmark
- 2 EL. Hühnersuppe
- ⅛ TL. getrockneter Thymian
- ⅛ TL. Zimt
- ⅛ TL häufen. koscheres Salz
- 3 Mahlungen schwarzer Pfeffer

Sprühen Sie die Innenseite eines 16-oz. Becher mit Kochspray.

In einer kleinen Schüssel alle Zutaten verrühren und in den Becher gießen.

Abdecken und in die Mikrowelle stellen, bis der Käse schmilzt, etwa 2 Minuten.

## 68. Schweinefleisch mit Mais und Frühlingszwiebeln

- 1 Tasse gekochtes Schweinehackfleisch
- ½ Tasse frische oder gefrorene, aufgetaute und abgetropfte Maiskörner
- 2 EL. Tomatenmark
- 1 EL. plus 1 TL. dünn geschnittene Frühlingszwiebeln
- 1 Teelöffel. frischer Limettensaft
- ¼ TL. koscheres Salz
- ⅛ TL. gemahlener Kreuzkümmel
- ⅛ TL. Chilipulver
- 3 Mahlungen schwarzer Pfeffer

In einer kleinen Schüssel alle Zutaten verrühren und in einen 16-Unzen-Behälter gießen. Becher.

Abdecken und in der Mikrowelle erhitzen, bis der Mais weich ist, etwa 2½ Minuten.

## 69. Würzige koreanische Fleischbällchen

- 2 EL. Koreanische Gochujang-Sauce
- ½ TL. gehackter frischer Ingwer
- ½ TL. frischer Limettensaft
- ½ TL. natriumarme Sojasauce
- ½ TL. Honig
- 4 gefrorene vorgegarte Fleischbällchen (nicht aufgetaut)

Gochujang-Sauce, Ingwer, Limettensaft, Sojasauce und Honig in einem 12-Unzen-Topf verquirlen. Becher. Die Fleischbällchen dazugeben und umrühren.

Abdecken und in der Mikrowelle erhitzen, bis die Mitte der Fleischbällchen heiß ist (3 bis 4 Minuten).

# 70. Fleischbällchen-Parmesan

- ¼ Tasse plus 2 EL. Marinara-Sauce
- 3 EL. geriebener Mozzarella-Käse
- 1 EL. fein geriebener Parmigiano-Reggiano-Käse
- 4 gefrorene vorgegarte Fleischbällchen (nicht aufgetaut)
- 1 Hoagie-Brötchen, aufgeschnitten und geröstet, oder 1 Scheibe geröstetes italienisches Brot, z. B. Ciabatta, zum Servieren

In einer kleinen bis mittelgroßen Schüssel die Marinara-Sauce, beide Käsesorten und Fleischbällchen vermischen und in einen 12-Unzen-Behälter gießen. Becher.

Abdecken und in der Mikrowelle erhitzen, bis die Mitte der Fleischbällchen heiß ist (3 bis 4 Minuten). Über das Brot gießen.

# 71. Scharfer chinesischer Tofu

- ½ Tasse gefrorenes Pfannengemüse (nicht aufgetaut)
- ¼ Tasse Gemüsebrühe
- ½ Tasse ½-Zoll-Würfel extrafester Tofu, abgetropft
- 1 EL. plus 1 TL. natriumarme Sojasauce
- ½ TL. sriracha Sauce
- ½ TL. frischer Limettensaft
- ½ TL. Honig
- ½ Tasse gekochter Reis zum Servieren

Geben Sie das Gemüse und 2 EL hinein. der Brühe in einem 12-oz. In einen Becher geben, abdecken und in die Mikrowelle stellen, bis das Gemüse heiß ist, 3 bis 4 Minuten. 2. Restliche Brühe, Tofu, Sojasauce, Sriracha, Limettensaft und Honig vorsichtig unterrühren.

Wieder abdecken und in die Mikrowelle stellen, bis der Tofu heiß ist, etwa weitere 1½ Minuten. Über Reis servieren.

## 72. Mexikanische Quinoa mit Mais

- ¾ Tasse gekochte Quinoa
- ¼ Tasse entkernte, entkernte und gewürfelte reife Tomate (etwa ½ Tomate)
- ¼ Tasse ⅓-Zoll rohe Brokkoliröschen
- ¼ Tasse rohe Maiskörner (von 1 kleinen Ähre)
- 2 EL. Salsa
- 2 EL. geriebene mexikanische Käsemischung
- ⅛ TL. koscheres Salz
- 1 EL. fein gehackte frische Korianderblätter

In einer kleinen bis mittelgroßen Schüssel alle Zutaten verrühren und dann in einen 16-Unzen-Behälter gießen. Becher.

Abdecken und in der Mikrowelle erhitzen, bis der Brokkoli weich ist, etwa 4 Minuten.

# SUPPEN, EINTÖTUNGEN UND CHILI

## 73. Brokkolikäsesuppe

**ZUTATEN:**

- 10-Unzen-Pkg. Gefrorener Brokkoli
- 2 Tassen Milch
- ⅓ Tasse Mehl
- 1 Tasse Wasser
- 2 Tassen Velveeta-Käse in Würfel schneiden
- 1 Tasse halb und halb
- 2 Hühnerbrühwürfel

**ANWEISUNGEN:**

a) Milch, Mehl, Wasser, Hühnerbrühwürfel und jeweils die Hälfte in einer mikrowellengeeigneten Schüssel vermischen.
b) Zusammen verquirlen. Brokkoli dazugeben und unter häufigem Rühren mehrere Minuten in der Mikrowelle garen.
c) Käse einrühren und kochen, bis der Käse geschmolzen und der Brokkoli zart ist.

## 74. Kürbis-Orangen-Suppe

- ½ Tasse Kürbis- oder Butternusskürbispüree aus der Dose
- ½ Tasse natriumarme Gemüse- oder Hühnerbrühe
- ¼ Tasse weiße Bohnen aus der Dose, abgespült und abgetropft
- 1 EL. Orangensaft
- ¾ TL. Ahornsirup oder Honig
- ¼ TL. gehackte frische Salbeiblätter
- ½ TL. Orangenschale
- ⅛ TL. koscheres Salz
- 3 Mahlungen schwarzer Pfeffer

Alle Zutaten in einer kleinen bis mittelgroßen Schüssel verrühren und dann in einen 16-Unzen-Behälter gießen. Becher.
Abdecken und etwa 3 Minuten lang in der Mikrowelle erhitzen.

## 75. Scharfe italienische Linsensuppe

- ¾ Tasse Gemüsebrühe
- ¾ Tasse natriumarme Dosenlinsen, abgespült und abgetropft
- ¼ Tasse fein geriebene Karotten
- 1 EL. Tomatenmark
- ¼ TL. getrockneter Oregano
- ¼ TL. koscheres Salz
- 1/8 TL. zerstoßene rote Paprikaflocken
- 3 Mahlungen schwarzer Pfeffer

In einer kleinen Schüssel alle Zutaten verrühren und mit einem Kartoffelstampfer zerstampfen. In einen 12-Unzen-Behälter gießen. Becher.
Abdecken und in die Mikrowelle stellen, bis die Suppe heiß ist, etwa 3 Minuten.

# 76. Miso-Suppe

- 1 Tasse Gemüse- oder Hühnerbrühe
- Ein 10 cm großes Stück getrockneter Kombu-Algen, in zwei Hälften gebrochen
- 1 EL. Bonitoflocken (getrockneter Thunfisch).
- ¼ Tasse ¼-Zoll-Würfel fester Tofu
- 2 TL. weißes oder gelbes Miso
- 1 Teelöffel. in dünne Scheiben geschnittene, geputzte Frühlingszwiebeln (nur dunkelgrüne Teile)

Kombinieren Sie die Brühe, Kombu und Bonito in einem 16-Unzen-Topf. Becher.

Abdecken und in der Mikrowelle erhitzen, bis es sehr heiß ist, etwa 2½ Minuten.

In ein feinmaschiges Sieb über einer kleinen Schüssel gießen und die abgesiebte Brühe dann vorsichtig zurück in den Becher gießen.

Zur Brühe im Becher Tofu, Miso und Frühlingszwiebeln hinzufügen; verquirlen, bis sich das Miso aufgelöst hat.

## 77. Rindfleisch-Bohnen-Chili

- ½ Tasse schwarze Bohnen oder Pintobohnen aus der Dose, abgespült und abgetropft
- ½ Tasse (ca. 3 Unzen) gekochtes Hackfleisch
- ½ Tasse hochwertige Salsa
- 1 Teelöffel. dünn geschnittene Frühlingszwiebeln
- ¼ TL. koscheres Salz
- 1 Teelöffel. fein gehackte frische Korianderblätter
- Ungefähr 6 Tortillachips
- 1 Teelöffel. Guacamole zum Servieren
- 1 Teelöffel. Sauerrahm, zum Servieren

In einer kleinen Schüssel Bohnen, Rinderhackfleisch, Salsa, Frühlingszwiebeln und Salz verrühren und in einen 12-Unzen-Behälter gießen. Becher.

Abdecken und in die Mikrowelle stellen, bis es heiß ist, etwa 2 Minuten. 3. Mit Koriander bestreuen und an den Rändern Chips hinzufügen.

Mit Guacamole und Sauerrahm servieren.

## 78. Nudel-, Bohnen- und Tomateneintopf

- ½ Tasse Hühnerbrühe
- ¼ Tasse gekochte Vollkorn-Makkaroni
- ¼ Tasse sehr dünn geschnittene frische Grünkohlblätter (Stiele entfernt)
- ¼ Tasse schwarze Bohnen aus der Dose, abgespült und abgetropft
- 3 EL. Marinara-Sauce
- 1 EL. fein geriebener Parmigiano-Reggiano- oder Parmesankäse

In einer kleinen Schüssel Brühe, Nudeln, Grünkohl, Bohnen und Marinara-Sauce verrühren. In einen 16-Unzen-Behälter gießen. In einen Becher geben und mit dem Käse belegen.

Abdecken und in der Mikrowelle erhitzen, bis der Grünkohl weich ist, etwa 3 Minuten.

## 79. Kürbis-Kichererbsen-Eintopf

- ¾ Tasse natriumarme Gemüsebrühe
- ½ Tasse Kürbis- oder Butternusskürbispüree aus der Dose
- ½ Tasse Kichererbsen aus der Dose, abgespült und abgetropft
- ¼ Tasse frische Spinatblätter, gewaschen und trocken getupft
- 1 Teelöffel. Honig
- ⅛ TL. gemahlener Kreuzkümmel
- ⅛ TL. gemahlener Koriander
- ⅛ TL. Zimt
- ⅛ TL. koscheres Salz
- Geröstetes Landbrot zum Servieren

Brühe, Kürbis oder Kürbis, Kichererbsen, Spinat, Honig, Kreuzkümmel, Koriander, Zimt und Salz in einer kleinen Schüssel vermischen und dann in einen 16-Unzen-Behälter gießen. Becher.

Abdecken und in der Mikrowelle erhitzen, bis der Spinat 2 bis 3 Minuten lang gar ist. Mit dem Brot servieren.

## 80. <u>Tortellinisuppe</u>

Macht: 4

## ZUTATEN:

- 1 Karotte, geschält und gerieben
- 1 Zwiebel, gerieben
- 2 Knoblauchzehen, gehackt
- 2 Esslöffel Olivenöl
- 15 Unzen gewürfelte Tomaten ohne Salzzusatz
- 15-Unzen-Dose natriumarme Kichererbsen, abgetropft
- 3 Tassen natriumreduzierte Hühnerbrühe
- 1 9-Unzen-Packung gekühlter Tortellini mit drei Käsesorten
- 1 Teelöffel getrocknete italienische Kräutermischung
- 2 Tassen leicht verpackter frischer Babyspinat
- Zum Servieren gehobelter Parmesankäse

## ANWEISUNGEN:

a) Kombinieren Sie Karotte, Zwiebel, Knoblauch und Olivenöl in einem 3-Liter-Behälter. mikrowellengeeignete Schüssel.

b) Ohne Deckel bei starker Hitze 3 Minuten in der Mikrowelle erhitzen.

c) Hühnerbrühe, Tomaten, Kichererbsen, Tortellini und italienische Kräutermischung einrühren.

d) Decken Sie die Schüssel fest mit einem Glasdeckel oder einer Plastikfolie ab und kochen Sie sie 8 Minuten lang auf höchster Stufe.

e) Nehmen Sie die Schüssel aus der Mikrowelle, decken Sie sie vorsichtig ab und rühren Sie den Spinat unter.

f) 1 bis 2 Minuten stehen lassen, damit der Spinat zusammenfällt.

g) Nach Belieben mit Parmesankäse servieren.

# SALATE UND BEILAGEN

## 81. Eichelkürbis mit Pinienkernen

**ZUTATEN:**

- 2 Esslöffel ungesalzene Butter
- 2 Esslöffel brauner Zucker
- 1 Teelöffel Salbei
- 2 Eichelkürbis, in Scheiben geschnitten
- 2 Esslöffel geröstete Pinienkerne oder Mandeln
- Salz und schwarzer Pfeffer nach Geschmack

**ANWEISUNGEN:**

a) In einer mikrowellengeeigneten Auflaufform Butter schmelzen.

b) Braunen Zucker und Salbei in die Butter einrühren, bis alles gut vermischt ist.

c) Kürbisspalten hinzufügen.

d) 5–10 Minuten in der Mikrowelle backen, bis der Kürbis weich ist.

e) Mit Nüssen bestreuen.

## 82. <u>Gedämpfte grüne Bohnen</u>

**ZUTATEN:**

- 1 Pfund frische grüne Bohnen, geputzt
- 1 Tasse Wasser
- 1 Teelöffel Salz
- ½ Teelöffel Pfeffer

**ANWEISUNGEN:**

a) In eine mikrowellengeeignete Auflaufform Wasser und grüne Bohnen geben.

b) 15–18 Minuten kochen lassen oder bis es weich ist.

c) Lassen Sie das Wasser von den grünen Bohnen ab und würzen Sie es mit Salz und Pfeffer.

## 83. <u>Brokkoli in der Mikrowelle</u>

## ZUTATEN:

- 1 Pfund Brokkoli
- 1 Teelöffel Zitronenschale, fein gerieben
- ¼ Teelöffel Salz
- ¼ Teelöffel Pfeffer

## ANWEISUNGEN:

a) Brokkoli in Röschen schneiden und in eine mikrowellengeeignete Auflaufform geben.
b) ¼ Tasse Wasser hinzufügen und 3–5 Minuten in der Mikrowelle kochen.
c) Das Wasser vom Brokkoli abgießen und mit Zitrone, Salz und Pfeffer würzen.
d) Brokkoli mit ½ Tasse geriebenem Cheddar-Käse bestreuen.
e) 2 Minuten in der Mikrowelle erhitzen, bis der Käse schmilzt.

## 84. Currykartoffeln

Ergiebigkeit: 4 Portionen

Zutat

- 2 Pfund festkochende Kartoffeln
- 3½ Unzen Schalotten; fein gehackt
- 3½ Unzen geräucherter, durchwachsener Speck; gewürfelt
- Salz und Pfeffer
- ⅔ Tasse Milch
- 1½ Teelöffel Currypulver
- 3 Unzen Parmesankäse; gerieben

Die Kartoffeln schälen und unter reichlich kaltem, fließendem Wasser abspülen. Gitter

Schalotten und Speck in eine ovale Pyrex-Form geben. Mikrowelle ohne Deckel 3 Minuten lang auf höchster Stufe erhitzen

Die Mischung mit Salz und Pfeffer bestreuen und die Kartoffeln hinzufügen.

Gut umrühren und mit der Milch übergießen. Abdecken und 12 Minuten lang auf höchster Stufe in der Mikrowelle erhitzen. 3 Minuten stehen lassen.

Currypulver und Parmesankäse vermischen und über die Kartoffelmischung streuen. Mikrowelle ohne Deckel 2 Minuten lang auf hoher Stufe erhitzen

## 85. <u>Zwiebel-Käse-Kartoffeln</u>

## ZUTATEN:

- 10 ¾ Unzen Dose Selleriecremesuppe
- 8-Unzen-Packung Schnittlauch-Zwiebel-Frischkäse
- 2 Tassen gefrorene Kartoffelwürfel
- ½ Tasse Cheddar-Käse, gerieben

## ANWEISUNGEN:

a) In einer mikrowellengeeigneten Auflaufform Suppe und Frischkäse verrühren.

b) 2 Minuten lang in der Mikrowelle erhitzen oder bis der Frischkäse in der Suppe geschmolzen ist.

c) Kartoffeln unterheben und vermischen, bis alles gut bedeckt ist.

d) 10 Minuten in der Mikrowelle backen oder bis die Kartoffeln weich sind.

e) Mit Cheddar-Käse bestreuen und weitere 2 Minuten kochen, bis der Käse geschmolzen ist.

# 86. Quinoa-Salat mit Pesto

- ¾ Tasse gekochte Quinoa
- ¼ Tasse entkernte, entkernte und gewürfelte reife Tomate (ca. ½)
- ¼ Tasse ⅓-Zoll rohe Blumenkohlröschen
- 2 EL. Pesto
- 2 EL. geriebener Mozzarella-Käse

In einer kleinen bis mittelgroßen Schüssel alle Zutaten verrühren und dann in einen 16-Unzen-Behälter gießen. Becher.

Abdecken und in der Mikrowelle erhitzen, bis der Blumenkohl weich ist, etwa 4 Minuten.

## 87. Chinesischer brauner Reissalat

- 1 EL. dünn geschnittene Frühlingszwiebeln
- 2 TL. ungewürzter Reisessig
- 2 TL. natriumarme Sojasauce
- 1 Teelöffel. Honig
- ⅛ TL. zerhackter Knoblauch
- ⅛ TL. geriebener frischer Ingwer
- ½ Tasse verpackter gekochter brauner Reis, Kurz- oder Langkornreis
- ⅓ Tasse verpacktes gefrorenes Edamame, aufgetaut
- 2 EL. fein geriebene geschälte Karotten
- 2 EL. klein gewürfelte rote Paprika

In einer kleinen Schüssel Frühlingszwiebeln, Reisessig, Sojasauce, Honig, Knoblauch und Ingwer verrühren und dann die restlichen Zutaten hinzufügen. In einen 12-Unzen-Behälter gießen. Becher. Abdecken und etwa 1 Minute lang in der Mikrowelle erwärmen.

# MIKROWELLE DESSERTS

## 88. Brasilianische Banane

Ergibt: 1 Portion

**ZUTATEN:**
- 1 Banane
- Raffinierter Zucker

**ANWEISUNGEN:**
a) Die Banane in dünne Scheiben schneiden.
b) Die Scheiben auf einem mikrowellengeeigneten Teller anrichten und mit Zucker bestreuen.
c) In der Mikrowelle erhitzen, bis der Zucker schmilzt und die Banane gar ist.
d) Warm servieren.

## 89. Funfetti-Kuchen für Kinder

Ergibt: 12 Portionen

## ZUTATEN:

- 1 Packung feuchte gelbe Kuchenmischung
- 1 Packung Vanille-Instant-Puddingmischung
- 4 Eier
- 1 Tasse Wasser
- ½ Tasse Crisco-Öl
- 1 Tasse halbsüße Mini-Schokoladenstückchen
- 1 Tasse farbige Mini-Marshmallows
- ⅔ Tasse Schokoladen-Tortenglasur
- 2 Esslöffel Halbsüße Mini-Schokoladenstückchen

## ANWEISUNGEN:

a) Heizen Sie den Ofen auf 350 Grad Fahrenheit vor.

b) Butter und Mehl in eine 13x9x2 Zoll große Backform geben.

## UM DEN KUCHEN ZU MACHEN

c) Kuchenmischung, Puddingmischung, Eier, Wasser und Öl mit einem Elektromixer verrühren

d) Mikro-Schokoladenstückchen unterrühren und alles in die Pfanne gießen.

e) 45 Minuten bei 350 Grad F backen.

## FÜR DEN BElag

f) Streuen Sie die Marshmallows gleich gleichmäßig über den noch heißen Kuchen. Füllen Sie eine mikrowellengeeignete Schüssel zur Hälfte mit Zuckerguss.

g) 25–30 Sekunden lang auf HIGH in der Mikrowelle erhitzen.

h) Rühren, bis die Mischung vollkommen glatt ist.

i) Über die Marshmallows träufeln und gleichmäßig backen.

j) 2 Esslöffel Schokoladenstückchen darüber geben.

k) Vollständig abkühlen lassen.

## 90. Brownies aus der Mikrowelle

Ergibt: 16 Portionen

## ZUTATEN:

- 4 Unzen Butter oder Margarine
- 1 Tasse Kristallzucker
- 2 Eier
- 1 Teelöffel Vanilleextrakt
- ½ Tasse ungesüßtes Kakaopulver
- ⅔ Tasse Mehl
- 1 Tasse Pekannüsse; gehackt
- Puderzucker

## ANWEISUNGEN:

a)  In einer Schüssel Butter, Zucker, Eier und Vanille mit einem Elektromixer 1 bis 2 Minuten lang schaumig schlagen.

b)  Kakao unterrühren. Mehl hinzufügen und schlagen, bis alles gut vermischt ist. Pekannüsse von Hand unterrühren. Gleichmäßig in einer mit Wachspapier ausgelegten quadratischen 8-Zoll-Glasschale verteilen.

c)  In der Mikrowelle auf höchster Stufe 3 Minuten lang garen.

d)  Drehen Sie die Form um eine Vierteldrehung und garen Sie das Gericht noch 2½ bis 3 Minuten länger. Abkühlen lassen.

e)  Puderzucker darübersieben.

## 91. <u>Zimtapfelringe</u>

Ergibt: 6 Portionen

## ZUTATEN:

- 3 Esslöffel Butter oder Margarine
- 2 Esslöffel Zitronensaft
- 2 Esslöffel Honig
- ¼ Teelöffel gemahlener Zimt
- 4 Kochäpfel; ungeschält, entkernt und in Ringe geschnitten

## ANWEISUNGEN:

a) Butter in eine Auflaufform geben.

b) 50 Sekunden lang bei hoher Temperatur in der Mikrowelle erhitzen oder bis die Butter schmilzt.

c) Zitronensaft, Honig und Zimt einrühren.

d) Apfelscheiben in die Buttermischung geben und wenden, sodass beide Seiten bedeckt sind.

e) Mit robuster Plastikfolie abdecken.

f) 5 bis 6 Minuten lang in der Mikrowelle auf HOCH stellen oder bis die Äpfel weich sind. Wenden Sie das Gericht nach 2 Minuten.

g) Vor dem Servieren 2 Minuten stehen lassen.

## 92. Rocky Road Bites

Macht: 24

**ZUTATEN:**
- 350g Schokoladenstückchen
- 30g Butter
- 397 g Dose gesüßte Kondensmilch
- 365g trocken geröstete Erdnüsse
- 500 g weiße Marshmallows, gehackt

**ANWEISUNGEN:**
a)   Eine 9 x 13 Zoll große Dose mit Backpapier auslegen.
b)   In einer mikrowellengeeigneten Schüssel Schokolade und Butter in der Mikrowelle erhitzen, bis sie geschmolzen sind.
c)   Gelegentlich umrühren, bis die Schokolade glatt ist. Kondensmilch einrühren.
d)   Erdnüsse und Marshmallows mischen; In die Schokoladenmischung einrühren.
e)   In die vorbereitete Form füllen und kalt stellen, bis die Masse fest ist. In Quadrate schneiden.

## 93. Gebackene Süßigkeiten-Apfel-Überraschung

**ZUTATEN:**

- 4 Red Delicious Äpfel, zur Hälfte entkernt und geschält
- ⅓ von den oberen 16 glühenden Bonbonstücken nach unten
- 8 Miniatur-Marshmallows

**ANWEISUNGEN:**

a) Äpfel in eine mikrowellengeeignete Auflaufform geben.

b) Legen Sie eine Süßigkeit und dann einen Marshmallow in die Mitte jedes Apfels.

c) Decken Sie die Schüssel mit Plastikfolie oder Wachspapier ab.

d) 7 Minuten in der Mikrowelle erhitzen.

e) Fügen Sie eine weitere Schicht Süßigkeiten und Marshmallows hinzu.

f) Abdecken und erneut 5 Minuten kochen lassen.

## 94.  Leckerer Apfel-Crisp

**ZUTATEN:**

- 1 Dose Apfelkuchenfüllung
- 2 Esslöffel brauner Zucker
- ¼ Tasse Instant-Haferflocken
- 2 Esslöffel Butter
- ½ Teelöffel Zimt
- ¼ Tasse Bisquick-Mischung
- Wachspapier

**ANWEISUNGEN:**

a) Gießen Sie eine halbe Tasse der Kuchenfüllung in jede Form.

b) Mischen Sie in einer separaten Schüssel Ihren Bisquick, Haferflocken, Zimt, Butter und braunen Zucker und rühren Sie mit einem Löffel oder einer Gabel um, bis eine klumpige Masse entsteht.

c) Verteilen Sie diese Mischung gleichmäßig auf die Schüsseln mit der Apfelfüllung.

d) Lassen Sie diese knusprige Mischung auf den Äpfeln bleiben.

e) Decken Sie die Schüsseln mit Wachspapier ab und erhitzen Sie jede Schüssel einzeln 4 Minuten lang in der Mikrowelle.

f) Vor dem Servieren 10 Minuten ruhen lassen und abkühlen lassen.

## 95. <u>Mini-Schokoladenkuchen</u>

**ZUTATEN:**

- 4 Esslöffel Allzweckmehl
- 4 Esslöffel Zucker
- 2 Esslöffel ungesüßter Kakao
- 1 Ei
- 3 Esslöffel Milch
- 3 Esslöffel Pflanzenöl
- eine Handvoll Schokoladenstückchen

**ANWEISUNGEN:**

a) Besprühen Sie eine mikrowellengeeignete Tasse mit Kochspray.

b) Mehl, Zucker und Kakao in die Kaffeetasse geben. Gut vermischen.

c) Milch, Öl und 1 Ei hinzufügen. Streuen Sie Schokoladenstückchen darüber.

d) Vorsichtig umrühren, bis alles gut vermischt ist.

e) In die Mikrowelle stellen und 3 Minuten kochen lassen

f) Mit einer Kugel Eis und einer Prise Schokoladenstückchen servieren.

## 96. Doppelter Schokoladenbecherkuchen

**ZUTATEN:**

- 2 Esslöffel Öl plus etwas mehr
- 2 Esslöffel Zucker
- 1 Ei
- 2 Esslöffel selbstaufgehendes Mehl
- 1 Teelöffel Kakao
- 2 Esslöffel Schokoladenstückchen und ein paar mehr zum Servieren
- Sahne oder Eis und Puderzucker zum Servieren

**ANWEISUNGEN:**

a) Eine mikrowellengeeignete Tasse mit etwas Öl einfetten.

b) Schlagen Sie das Ei in den Becher.

c) Öl und Zucker hinzufügen.

d) Mit einer Gabel glatt rühren.

e) Mehl und Kakao dazugeben und nochmals verrühren, bis eine glatte Masse entsteht.

f) Geben Sie die Schokoladenstückchen in die Tasse auf die Mischung.

g) Eine Minute lang auf höchster Stufe in der Mikrowelle erhitzen.

h) Beobachten Sie, wie Ihr Kuchen an die Oberfläche der Tasse steigt.

i) Vorsichtig aus dem Ofen nehmen.

j) Zum Servieren mit etwas Puderzucker, Eiscreme und ein paar weiteren Schokoladenstückchen bestreuen.

## 97. Zuckerplätzchen-Tassenkuchen

**ZUTATEN:**

- 2 Esslöffel Eiersatz
- 2 Esslöffel Butter, weich
- ⅓ Tasse Mehl
- 3 Esslöffel Zucker
- 1 Teelöffel Vanille
- 3 Esslöffel halb und halb oder Milch
- 2 Esslöffel Regenbogenstreusel
- 1 Tasse Puderzucker
- 2-3 Tropfen rosa oder rote Lebensmittelfarbe

**ANWEISUNGEN:**

a) In einer Schüssel Eiersatz, Butter, Mehl, Zucker, Vanille, 2 Esslöffel halb und halb und 1 Esslöffel Regenbogenstreusel verrühren.

b) In einen zusätzlichen Becher geben.

c) 60 Sekunden lang in der Mikrowelle erhitzen, alle über den Rand geblubberten Teige abwischen und dann für weitere 30 Sekunden wieder in die Mikrowelle stellen.

d) Den Kuchen herausnehmen und in den Kühlschrank stellen.

e) Während es abkühlt, Puderzucker, je 1 Esslöffel halb und halb und Lebensmittelfarbe verrühren.

f) Über einen leicht warmen Kuchen träufeln.

## 98. Englische Kürbismuffins

Ergibt: 1 PORTION

## ZUTATEN:
- ¼ Tasse Cashewmehl oder Mandelmehl
- 1 Esslöffel Kokosmehl
- ¼ Teelöffel Backpulver
- ¼ Teelöffel Kürbiskuchengewürz
- eine Prise koscheres Salz
- 1 Ei
- 2 Esslöffel Kürbispüree
- 2 Esslöffel ungesüßte Mandelmilch

## ANWEISUNGEN:
a) Mehl, Backpulver, Gewürze und Salz in einer Schüssel vermischen.
b) Ei, Kürbis und Milch hinzufügen und verrühren, bis alles gut vermischt ist.
c) Eine Auflaufform mit Backspray einfetten.
d) Geben Sie den Teig in die Auflaufförmchen, glätten Sie die Oberfläche und stellen Sie ihn etwa zwei Minuten lang in die Mikrowelle, bis er aufgegangen ist und die Mitte fest ist.
e) Aus der Auflaufform nehmen, halbieren und rösten.

## 99. Cheddar-Kräuter-Keks

Macht: 1

**ZUTATEN:**

- 4 Esslöffel Allzweckmehl
- ½ Teelöffel Backpulver
- ⅛ Teelöffel Salz
- ½ Esslöffel kalte Butter
- 3½ Esslöffel Milch
- 2 Esslöffel Cheddar-Käse, gerieben
- 2 Teelöffel gehackte Kräuter

**ANWEISUNGEN:**

a)  In einem mikrowellengeeigneten Becher Mehl, Backpulver und Salz vermischen.
b)  Mit einer Gabel die gewürfelte Butter in die trockenen Zutaten einreiben.
c)  Milch, Käse und Kräuter unterrühren, bis ein Teig entsteht.
d)  Etwa 1 Minute lang in der Mikrowelle erhitzen.

## 100. Spaghettikuchen

Ergibt: 4 Portionen

## ZUTATEN:

- 8 Unzen milde oder scharfe italienische Würstchen
- 2 Tassen geschnittene Pilze
- 1 Zwiebel, gehackt
- 1 Knoblauchzehe, fein gehackt
- 1½ Teelöffel getrockneter Oregano
- 2 Tassen Tomaten-Nudelsauce
- 2 Tassen Brokkoliröschen
- 3 Tassen gekochte Spaghetti oder andere Fadennudeln/6 Unzen ungekocht
- 1½ Tasse geriebener teilentrahmter Mozzarella-Käse

## ANWEISUNGEN:

a) Heizen Sie den Ofen auf 350 Grad Fahrenheit vor.

b) Braten Sie das Wurstfleisch in einer Pfanne bei mittlerer bis hoher Hitze 4 Minuten lang und zerkleinern Sie es mit einem Holzlöffel, bis es nicht mehr rosa ist.

c) Die Flüssigkeit durch ein Sieb abseihen, um eventuelles Fett zu entfernen. Stellen Sie den Topf wieder auf den Herd.

d) Pilze, Zwiebeln, Knoblauch und Oregano 3 Minuten lang unterrühren, oder bis das Gemüse weich ist. Abdecken und 10 Minuten mit der Tomatenmarksauce kochen lassen

e) Den Brokkoli waschen und in eine Auflaufform mit Deckel geben.

f) Für 2 bis 212 Minuten auf höchster Stufe in der Mikrowelle erhitzen, bis es hellgrün und fast zart ist. Nach dem Spülen mit kaltem Wasser abtropfen lassen.

g) Auf einem Tortenteller Spaghetti schichten. Den Boden der Pfanne mit Rindfleischsauce bestreichen und dann Brokkoli und Käse darüber geben.

h) Etwa 25 bis 30 Minuten backen oder bis der Käse geschmolzen ist.

# ABSCHLUSS

Zusammenfassend lässt sich sagen, dass das Mikrowellen-Kochbuch ein Muss für jeden ist, der seine Kochroutine vereinfachen möchte, ohne auf Geschmack und Nährwert zu verzichten. Dank der großen Auswahl an Rezepten mangelt es Ihnen nie an Ideen für schnelle und einfache Mahlzeiten. Vom Frühstück bis zum Abendessen, von Snacks bis hin zu Desserts ist in diesem Kochbuch für jeden etwas dabei.

Schnappen Sie sich also Ihr mikrowellengeeignetes Geschirr und los geht's mit dem Kochen! Mit ein wenig Kreativität und den richtigen Zutaten lassen sich im Handumdrehen gesunde und leckere Mahlzeiten zubereiten. Wir wünschen Ihnen viel Spaß beim Ausprobieren dieser Rezepte und beim Entdecken der vielen Vorteile des Kochens mit der Mikrowelle. Viel Spaß beim Kochen!

Milton Keynes UK
Ingram Content Group UK Ltd.
UKHW050949060923
428087UK00026B/1329

9 781835 515594